Collection Maurice Masson

COLLECTION

MAURICE MASSON

PAR

BERTON (Armand), BOUDIN, DELVOLVE CARRIÈRE (Lisbeth),
CARRIÈRE, CLARY, COROT, DEGAS, DULAC, HARPIGNIES,
JONGKIND, LAURENT (Ernest), LEBOURG, LE SIDANER,
LÉPINE, MARTIN (H.), MONET, MONTENARD, MONTICELLI,
PISSARRO, RENOIR, RIBOT, ROPS, SIMONS (P.), SISLEY,
TOULOUSE-LAUTREC, VIGNON, ZIEM

et des Sculptures

PAR BOUCHER (Alfred), DESBOIS, RODIN

appartenant à

& dont la vente aux enchères publiques aura lieu à Paris

HOTEL DROUOT, Salles n°s 7 et 8 réunies

le Jeudi 22 Juin, à 3 heures.

COMMISSAIRE-PRISEUR
6, rue Favart

[illegible]
28, Boulevard de la Madeleine
18, rue Richepanse, 36, Avenue de l'Opéra

[illegible]

Exposition Particulière : le Mardi 20 Juin 1911, de 1 h. 1/2 à 6 h.
Exposition Publique : le Mercredi 21 Juin 1911, de 1 h. 1/2 à 6 h.

Entrée par la rue Grange-Batelière.

CONDITIONS DE LA VENTE

Elle se fera au comptant.

Les acquéreurs paieront dix pour cent *en sus des enchères.*

GRAND et mince, le geste sobre, la voix assourdie, M. Maurice Masson montrait volontiers mais avec précaution sa collection d'impressionnistes. Il écoutait attentivement ce qu'on en disait, soit que ce fût un passant inconnu, soit que ce fût un hôte très illustre comme M. Anatole France ou M. Rodin. Lorsqu'il sentait que le visiteur éprouvait devant ces chefs-d'œuvre une émotion sincère et ardente il était heureux. Il s'enhardissait alors à dire, à demi-voix, de petites choses douces où se révélait un amour autoritaire et exclusif. Il a fallu l'ordre des médecins lui enjoignant d'aller se fixer en Algérie pour qu'il consentît à se séparer de ses amis préférés. La belle collection d'artistes jeunes qu'il a emportée dans cette France nouvelle ne le console qu'en partie d'avoir allégé son bagage, mais il n'est donné à personne d'emporter comme une valise cent tableaux de premier rang.

Collection faite avec amour! M. Maurice Masson avait éliminé peu à peu les œuvres qui n'avaient pu résister à une admiration quotidienne. N'avoir autour de soi que les meilleurs peintres et s'être assuré — quel que fût leur prix — les pièces capitales de ces grands artistes, telle fut son ambition.

Les Monet comptent parmi les plus importants. Il persiste dans cet *Argenteuil*, tableau ancien, quelque chose de commun avec les meilleurs Daubigny. On pense à ceux qui vinrent après Corot, mais la personnalité de Monet s'y révèle, sinon entière, du moins dans ses caractères les plus importants. Le vaste ciel est floconneux, rougeoyant, mêlé de tons où l'on discerne l'influence réciproque du ciel et de l'eau animés tous les deux de la même lumière. Double miroir insaisissable, illusoire et chatoyant de cette heure illuminée! Les arbres solides, élégants, et le rivage herbu font valoir par leur belle note plus sombre et presque contemplative tout ce qu'il y a d'exquis et de miroitant, mais de fuyant et d'éphémère.

dans cette féerie de reflets qui laisse pressentir l'ombre universelle qui, dans un instant très court, va succéder à cette joie!

Ce crépuscule de printemps sur les verdures neuves du bord de la Seine à *Vétheuil*, sous un ciel chargé d'orage printanier, exprime avec intensité une autre minute heureuse. C'est la joie du renouveau, la poussée universelle de la nature en travail, le mouvement unanime qui entraîne tout ce qui vit, tout ce qui respire, tout ce qui grandit, tout ce qui s'efforce vers la lumière et la vie. Chaque pousse est d'un vert nouveau — et qui ne durera qu'un instant — chaque vaguelette vient de se former et va se dissoudre, les nuages sont ce qu'ils sont pour quelques minutes et ils passent, on le sent, vers la gauche du tableau cédant la place à d'autres nuages, d'autres formes, d'autres nuances, d'autres combinaisons de lignes, de formes et de couleurs, dans l'incessant devenir de ce qui naît, se transforme et disparaît sans retour. Dans ce paysage, en apparence immobile, tout vit, donc tout se modifie. Il y a plus de mouvement, pour les yeux qui savent voir, dans ces choses en apparence impassibles que dans maintes figures gesticulatoires. Même ces vieilles maisons grises, ces petits toits rouges, ce clocher se dressant, joli, entre les panaches des peupliers nous semblent comme rajeunis par cette jeune lumière tamisée par ces gros nuages mais pleine de tiédeur printanière, brillante d'un éclat doux et comme chargée, elle aussi, de semences en travail et de désirs en suspens. Des Claude Monet qui sont ici c'est le tableau qui bouge le plus. Il y a dans l'*Argenteuil* le calme d'une belle fin de journée, mais dans le *Vétheuil* un frémissement de vie. Le ciel couve toute cette végétation en travail, les peupliers se redressent comme des échines de jeunes bêtes vivantes et l'eau attiédie entraîne les semences printanières.

Comme peinture cela est malaxé délicieusement. Ce sont d'innombrables caresses du pinceau sur lesquelles quelques touches larges et plus appuyées posent des accents soudains comme des arrêts prolongés un instant sur des points sensibles.

Daté de 1882 (*Vétheuil* est de 1880), le Monet des *Falaises* est un tableau important de cette série célèbre. Coupé en deux parties par un chemin creux, la ligne des rochers occupe, d'une extrémité à l'autre, tout le centre du tableau. Au pied de ces falaises la mer clapote sur un fond de sable et laisse émerger quelques pierres recouvertes de varechs. Le ciel est bleu, ponctué de nuages. Sur la hauteur se profile une petite église à triples toits juxtaposés autour d'un petit clocher central. C'est d'une beauté grave, sévère, géométrique et presque géologique. Claude Monet a saisi ici un aspect du monde qu'on imagine immuable. Ces falaises, ce sable, cette mer, cette végétation maigre et ce ciel sévère semblent là pour l'éternité. Bientôt cette église en ruine ne sera plus qu'un tas de pierres. Rien d'important n'aura changé.

Monet semble avoir prévu que les éphémères constructions humaines doivent se fondre dans l'essentiel. Et ce qui donne, si [illegible], cette impression d'immuabilité c'est la consistance admirable de ces falaises, leur solidité, leur simplicité, la beauté stable des couleurs qui leur sont propres, le choix de l'heure — heure médiane, sans grande ombre ni grand soleil — le gris qu'on sent éternel de l'eau morte sur le sable et la rigidité sévère de ce bleu inaltérable d'un ciel qui ne donne pas du tout l'impression qu'il pourrait changer d'un moment a l'autre. Vision d'observateur et presque de géologue, tableau de philosophe enclin à voir toutes choses du point de vue de l'éternité et qui, en toutes circonstances, est un admirable *peintre*, un visionnaire tres ému de formes, de couleurs et de lignes.

Ce bel exemplaire de la série des *Cathédrales* nous montre un nouvel aspect du génie de Claude Monet. Abandonnant — pour une saison — le spectacle de l'univers il s'attache à pénétrer un chef-d'œuvre de l'esprit humain considéré, consciemment ou non, comme le symbole de l'effort des hommes pour interpréter leur aspiration commune vers un idéal. Comprendre et magnifier, ce désire qui anime Claude Monet fut aussi le but que poursuivit Ruskin. Mais Claude Monet, étant peintre avant tout, entre en possession du sujet, non par l'effort de l'esprit, mais par les moyens de son art, c'est-a-dire par la tension suraiguë de ses yeux résumant et concentrant toutes ses facultés. Au lieu d'être purement cérébrale c'est une illumination visuelle. L'intelligence et l'imagination, bien qu'en éveil, se subordonnent aux yeux et au cœur. Et tout ce que la Cathédrale exalte en cet artiste de sensations heureuses : tendresse, élan vers l'infini, tristesse a certaines heures, retour sur le peu que nous sommes, Monet l'exprime par les moyens de son art : des couleurs, des volumes et des lignes sans qu'on sente jamais qu'il ait pu penser un instant à s'exprimer autrement. Son émotion et sa pensée sont purement et uniquement picturales. Il pense par des couleurs comme Ruskin ou Huysmans avaient pensé par des mots. Ceux-ci avaient éprouvé le besoin d'associer des idées. Monet dit tout par des associations de tons et des combinaisons de lignes.

Qu'on ait tâché d'expliquer et même de codifier pourquoi et comment certaines couleurs exaltent ou non certains sentiments : le rouge la joie, le bleu la tendresse, et les violets, par exemple, certaines gammes de tristesse douce et de mélancolie, que nous importe? La série des Cathédrales suffirait à démontrer que la couleur qui exprime tout peut aussi tout suggérer. Dans cette dizaine de tableaux la compositon reste à peu près identique. Elle se compose du portail principal de Rouen. A notre gauche la belle tour Saint-Romain s'élève haut, mais elle est coupée à mi-hauteur par le cadre. Il n'y a que très peu de ciel, à peine quelques centimètres sur le total de la surface, et très peu de sol, à peine son indication au pied de la porte d'entrée. Tout le tableau se compose avec des pierres posées avec art l'une sur l'autre par un travail ancien, anonyme, et sculptées avec tendresse par des hommes amoureux de leur travail quotidien. Encore ces sculptures n'apparaissent-elles point. Elles eussent dispersé sur les détails une impression que le peintre voulait sévère, pénétrante, et d'autant plus simplifiée qu'il la désirait plus claire et plus forte. Travail prodigieux et net d'élimination nécessaire! Ce portail est devant nous. Tout l'important est respecté et notre impression est celle d'un fleurissement de la pierre dans une masse énorme. S'il fut jamais nécessaire de prouver que les accords de couleur suffisent à tout exprimer, cette preuve est devant nous. La cathédrale est pensive, grave et pourtant avenante, elle se dore parmi des bleus en suspens des reflets de soleil qui viennent se réfracter sur ces pierres avant de se perdre dans l'infini de l'atmosphère. C'est une symphonie de bleu pénétrée de jaunes diffus. Les gris splendides sont avivés d'innombrables reflets d'or et l'atmosphère bleuâtre s'appuie sur le bleu du ciel et sur les ombres dégradées à l'infini dans la même gamme jusqu'à devenir presque lourdes à la naissance des piliers plongeant dans le sol solide. Par ses tours sonores, par ses colonnettes sensibles comme une montée de tuyaux d'orgues, par ses pignons dressés au ciel, par toutes ses pointes, par toutes ses pierres, la Cathédrale s'éveille, s'anime sous les rayons éclatants et semble chanter de toutes ses voix dans l'allégresse de la belle journée.

Et par quel beau procédé ces résultats sont obtenus! Mêlées, triturées, malaxées — travail étrange à voir de près — ces couleurs ont des empâtements lumineux qui les font ressembler à des gemmes. Pétrisseur génial de pâtes colorées, Claude Monet " ne divise pas ", il mêle sur sa palette ou sur sa toile les tons et leur donne une apparence de choses vivantes, rayonnantes, comme douées d'une vie propre. Il anime les couleurs du même rythme qui l'émeut lui-même jusque dans les profondeurs de sa sensibilité. La vibration de la pierre, de la lumière, de la matière colorante, de la main qui travaille et du cœur qui dirige tout forme comme un hosanna unanime et glorieux.

Un autre Claude Monet, dans cette collection, représente une autre série très célèbre de l'artiste. C'est la *Cabane des Douaniers* se profilant sur le ciel, au sommet d'une petite falaise granitique, et dominant la mer où pas une voile ne se montre. Ce poste d'observation, c'est le rappel dans cette solitude maritime du minuscule effort de l'homme. Peinture admirable de simplicité, de vigueur, d'éclat et de consistance! Les mêmes qualités de sensibilité affinée, de fraîcheur dans l'émotion, et d'universalité dans l'expression, font de cette œuvre une des plus belles qui soient sorties du pinceau de Claude Monet.

Parmi les autres impressionnistes qui ont mérité à l'école française de paysage, de la part de toute l'Europe, une gloire qui va sans cesse en grandissant. Sisley est un des mieux doués. Il est représenté, dans cette collection, par quatre tableaux importants.

L'un des plus beaux est peut-être *Après la Débâcle* daté de 1880. La Seine, à hauteur d'horizon, c'est-à-dire vers le milieu du tableau, s'écoule vers l'angle de gauche, laissant à découvert à notre droite une grande berge. Deux hommes portent une poutre. On distingue quelques passants et une construction qui ressemble à une usine. Un ciel d'une belle transparence occupe un peu plus de la moitié du tableau. Moins grand, moins large (je ne parle pas des dimensions) que ne le sont les Claude Monet, ce tableau vaut par des qualités aussi pénétrantes. Quelle tendresse fine, quelle délicatesse d'œil, d'exécution et de sentiment! Le terrain est vraiment mouillé. Il cède sous les pieds. L'eau est limoneuse bien que blanchissante, les arbres sont fins, légers, réels, et le ciel profond, rayé de vaguelettes nuageuses, est d'une tendresse exquise.

L'*Effet de neige* du même peintre est charmant par la délicatesse du sentiment et l'élégance de la composition. C'est une œuvre déjà classique, digne du Louvre.

La Porte de Bourgogne est le plus complet de ces trois tableaux et, par ses dimensions, le plus important. Tout ce que l'artiste a aimé : le ciel, l'eau, les rivages de ce petit Loing auprès duquel il avait établi sa demeure, le site qu'il préférait à tous les autres : la vieille église, les maisons serrées contre elle, le pont séculaire, les rives herbues, tout son amour, tous ses amours se trouvent dans ce tableau. Comme en un raccourci il a rassemblé ici tous les motifs dont il a tiré, en les prenant à part et en les traitant l'un après l'autre, tant de tableaux admirables.

Et voici le grand Carrière! L'art de Carrière reflète souvent l'angoisse tragique qui se manifeste, avec tant d'intensité, dans l'émouvante *Maternité* de la même collection. Carrière allait toujours au delà des traits particuliers aux modèles pour atteindre, par un effort de pénétration psychologique, jusqu'aux sentiments les plus essentiels. A travers le sujet particulier — motif ou portrait — il exprimait toute une conception de l'individu et même toute une conception personnelle de l'humanité. La gloire de cet artiste grandit d'année en année et elle grandira encore longtemps. De la fille d'Eugène Carrière on remarquera un joli bouquet de *Pivoines* vaporeuses.

Degas est représenté par un pastel émouvant, d'une extraordinaire concision de traits et d'un imprévu étonnant de couleur et d'expression.

Dans cette collection précieuse se trouvent naturellement tous les grands impressionnistes. Renoir est représenté par une nature morte : un énorme et prestigieux bouquet de *Lilas*, d'une qualité exquise. Et je ne puis que citer le Monticelli, joyaux éclatants, escarboucles, féerie ordonnée par un magicien; les Lebourg, tendres et forts; le Ziem (de la très bonne manière); le Ribot, superbe dans sa sévérité; le Harpignies aussi solide que fin; les *Maisons* d'Henri Martin si éclatantes et riches de coloration; les deux paysages des bords de la Seine par Clary; les deux nus très élégants de Berton; les poupées sur une table de Ch. Dulac et le paysage maritime de P. Simons. Deux tableaux méritent d'être mis à part: le premier est un paysage crépusculaire représentant la Tamise, le pont de fer et, dans le lointain, Westminster, par Henri Le Sidaner; le second est une jeune femme, le torse nu, se coiffant, à côté de ses objets de toilette par Ernest Laurent dont l'exposition chez Durand-Ruel vient d'avoir un si grand et si légitime succès.

Il n'y a parmi ces tableaux qu'une seule œuvre de Rodin, mais c'est un marbre radieux. Digne du plus beau musée, l'*Eternel printemps* donnait à cette collection comme une base indestructible.

On admirera cependant beaucoup *l'Eveil*, d'Alfred Boucher, qui représente un buste de jeune femme demi-nue, au profil très fin, et se détachant du bloc de marbre. La poitrine est jeune et charmante. L'ensemble est d'une grande délicatesse. Une grande plaquette de bronze par Desbois représente une jeune femme nue assise parmi les frondaisons fleuries d'un arbre. Elle est d'un beau sentiment décoratif.

Cette préface est un adieu et qui n'est pas sans tristesse.

ACHILLE SEGARD.

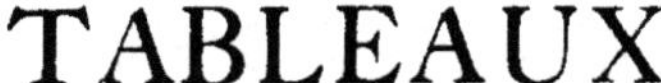

TABLEAUX

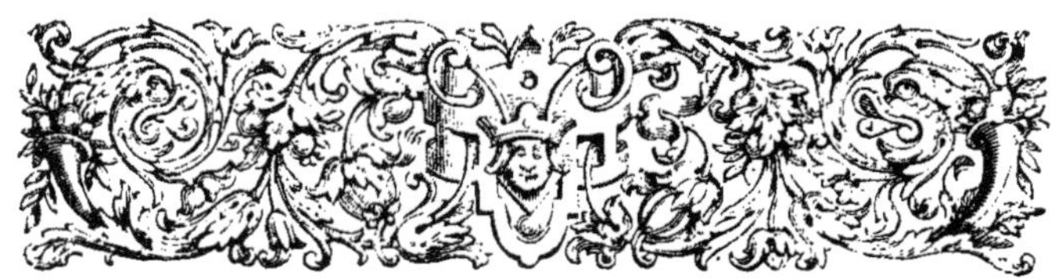

BERTON

(ARMAND)

1. — Devant la psyché.

Le panneau de la psyché, un peu renversé, reflète à gauche le corps cambré d'une brune aux chairs mates qui, les bras haussés, s'essuie l'aisselle droite. Derrière elle, quelques vêtements clairs et une retombée de rideau sombre.

Toile. — Haut. 46 cent.; larg. 38 cent.

Signé à gauche, en bas : A. Berton.

BERTON

(ARMAND)

2. — Au saut du lit.

Une jeune femme blonde et potelée est vue, dans un ovale, assise sur le bord de son lit, nue, tournée vers la gauche d'où vient la lumière. Elle hausse un bras et se prépare à revêtir sa chemise dont les plis forment une note claire devant son corps aux lignes pleines.

A gauche, un tissu rose sur le lit et une table en bois noir. A terre, deux petites mules rouges. A droite, un grand pan de rideau gris-vert.

Toile. — Haut. 46 cent.; larg. 38 cent.

Signé à gauche, en bas : A. Berton.

BOUDIN

1824 (EUGÈNE) 1898

3. — Le rivage de Deauville.

La mer verte aux vagues crêtées de blanc. A droite, sur la rive, un marin et, s'éloignant, deux personnages dont l'un, la femme, est en paletot rouge. Cette rive se coude vers la gauche et développe des falaises. Quelques bateaux au loin. Ciel de nuages, avec éclaircies d'azur.

Toile. — Haut., 55 cent. ; larg., 90 cent.

Signé en bas, à droite, et daté du 21 octobre 1896.

DELVOLVÉ-CARRIÈRE

(LISBETH)

4. — Fleurs.

Des fleurs, pivoines blanche et rose pâle, dans un vase de cuivre à large panse, à col étroit, placé à droite de la toile.

Une lumière sur la pivoine blanche, le reste du tableau tenu dans ces tonalités sourdes qui caractérisent la sensible palette de l'artiste.

Toile. — Haut., 41 cent. ; larg., 33 cent.

Signé à gauche, en bas : Lisbeth D. C.

CARRIERE

Maternité.

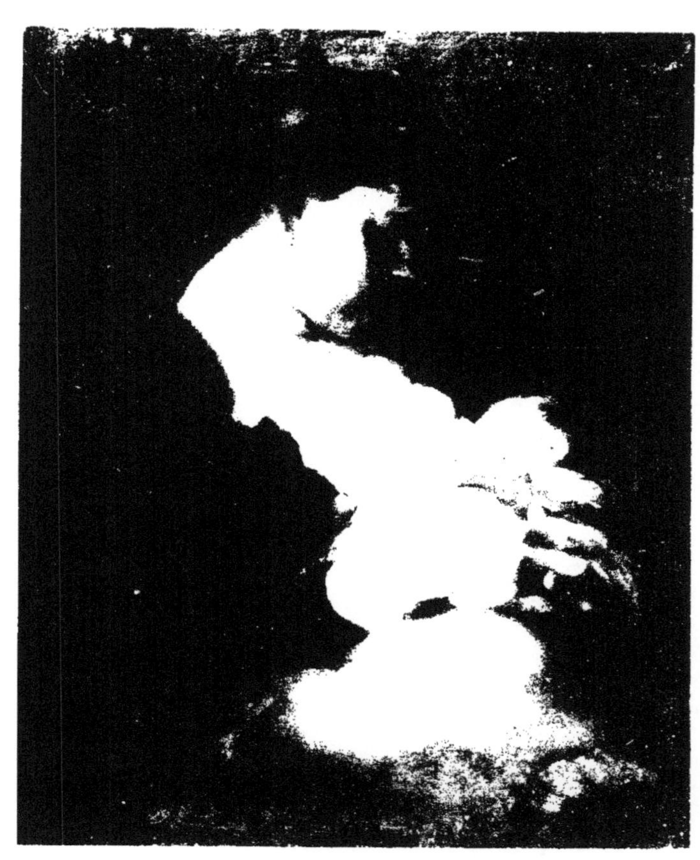

CARRIERE

(EUGÈNE)

5. — Maternité.

Voir la reproduction.

Assise, poitrine nue, la mère tient enlacé l'enfant qui tette. Sur son épaule droite se pose la main gauche du nourrisson.

CLARY

(L.)

6. — Berge de Seine à Rouen.

C'est le quai reliant le quartier Saint-Paul à la ville (rive droite).

A gauche, l'île avec ses bouquets d'arbres et ses maisons : au fond, trois arches du pont. A droite, sur une Seine ardoisée, les nombreuses carapaces de chalands amarrés au port qui se creuse presque jusqu'au bord du tableau et au delà duquel on voit remonter la berge jusqu'au pont. Ciel léger, bleuté tendrement et floconneux.

Toile. — Haut., 45 cent.; larg., 81 cent.

Signé à droite, en bas : L. Clary.

CLARY

(L.)

7. — Rives de Seine.

Large paysage où l'eau prédomine, où le beau fleuve, calme et d'un bleu cendré, coule dans toute la droite du tableau après avoir passé un pont à quatre arches aux extrémités duquel sont des maisons paysannes et des bouquets d'arbres. Rive à gauche, et barques. Au fond, coteaux.

Toile. — Haut., 45 cent.; larg., 81 cent.

Signé à gauche, en bas : L. Clary.

COROT

1796 (CAMILLE) 1875

8. — La route à travers champs.

Au pied de la colline, un village aux toits roses, derrière des blés et des arbres. Une paysanne, tablier bleu et madras cramoisi, sac à l'épaule, se repose sur le talus vert de la route.

Toile. Haut., 20 cent.; larg., 35 cent.

Signé en bas, à gauche.

Vente Guasco.

DEGAS

(EDGAR)

9. — Danseuses.

Voir la reproduction.

Elle est tournée, de profil, vers son épaule gauche où elle agrafe l'épaulette du corsage. Dans ses cheveux, une fleur rouge. Son bras gauche et sa tête se reflètent, à droite, dans une glace. Sa jupe de gaze est interrompue par le cadre. Ombres violettes et clartés de chairs s'opposent au vert du fond.

Pastel. — Haut., 45 cent.; larg., 35 cent.

Signé en bas, à gauche.

DEGAS

Danseuses.

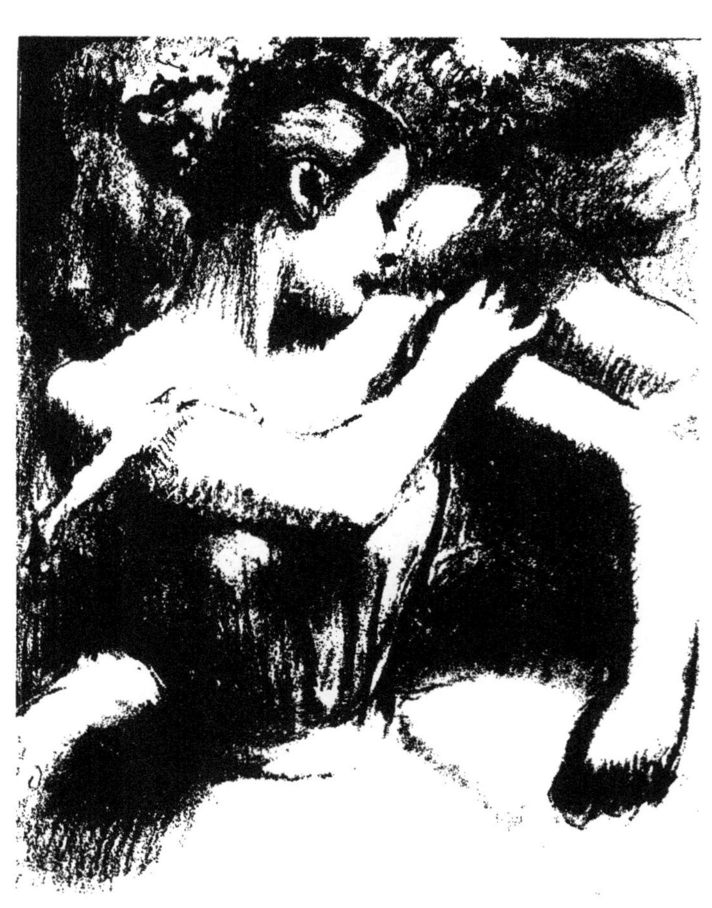

DULAC

(CHARLES)

10. — Chez bébé.

Un coin de la table où joue bébé. On voit rassemblés les biscuits qu'il aime, sa poupée avec un ruban mauve au cou, une Mère Michel sortie de sa boîte, la boîte de bois blanc pour d'autres joujoux, et le gobelet.

Panneau. — Haut., 26 cent. ; larg., [illegible]

Signé à droite, en bas : [illegible]

HARPIGNIES

(HENRI)

11. — Paysage.

Une rive d'où s'élève un bouquet de hauts arbres. Des affleurements de sable strient la rivière. Au lointain, l'eau encore, et des collines avec un village aux toits rosâtres.

Toile. — Haut., 32 cent. ; larg., [illegible] cent.

Signé en bas, à droite, et daté de [illegible]

JONGKIND

1819 (JOHANN BARTHOLD) 1891

12. — Les patineurs.

En Hollande. Un canal. Sept patineurs s'y évertuent. Sur le ciel nuageux se détachent une mâture, deux moulins à vent, un pont en dos d'âne et le haut de forme noir de l'un des patineurs.

Toile. — Haut., 32 cent. ; larg., [illegible] cent.

Signé en bas, à droite, et daté de 1868.

1906 Vente Blanc.

JONGKIND

(JOHANN BARTHOLD)

13. — Le moulin.

Voir la reproduction.

Aux abords d'une ville hollandaise dont on voit les édifices, c'est la berge d'un canal, avec son moulin à vent près duquel sont arrêtés un promeneur en tube noir et, un peu plus loin, deux villageoises. Plus loin encore, un paysan assis sur son cheval et un groupe de deux personnages. A droite, le canal où lourdement vogue une gabarre. Force nuages.

Toile. Haut., 42 cent.; larg., 56 cent.

Signé en bas, à gauche, et daté de 1859.

Vente X...

JONGKIND

Procédé Berthaud, Paris.

Le moulin.

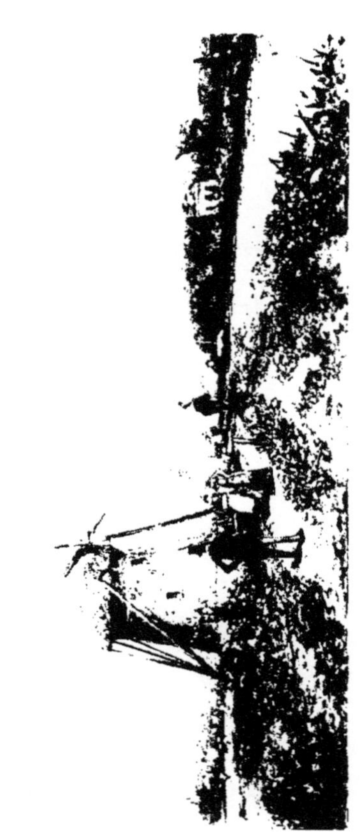

LAURENT

(ERNEST)

14. — La toilette.

Près du meuble toilette que l'on voit à droite, avec ses rideaux entr'ouverts, la bouillotte de cuivre, la cuvette, les flacons, et la glace qui le surmonte, une jeune fille nue jusqu'au bas des hanches où se groupent les plis de la chemise retombée sur un jupon de dessous.

Elle noue ses cheveux, tournée vers la gauche et la tête un peu en contre-ombre, tout le corps vivement éclairé.

A gauche, sur une chaise, corset à lacets roses et vêtements noirs.

[illegible]

[illegible]

LEBOURG

(ALBERT)

15. — Village près de Veulettes.

Un ruisseau s'élargit au premier plan. Quatre petits personnages sur sa berge très verdoyante. Parmi les arbres, des toits d'ardoise et la flèche d'une église. Dans le ciel, les lueurs du couchant.

[illegible]

[illegible]

LEBOURG
(ALBERT)

16. — La Seine à Paris.

A gauche, sur le quai qui s'étale au bas du parapet, un camion à deux chevaux, une femme à l'ombrelle rouge avec un enfant, une autre femme. Deux bateaux-mouche dont l'un est au débarcadère. Sur l'autre rive, la ville.

Toile. — Haut., 49 cent.; larg., 65 cent.

Signé en bas, à droite.

LEBOURG
(ALBERT)

17. — Près d'Oissel. (Vallée de la Seine.)

La Seine tourne du milieu du tableau vers la droite, en contre-bas d'un plateau quelque peu boisé à gauche. Elle passe au loin entre deux rases plaines vertes et, près d'un pont, se colore des feux du couchant.

A droite, au fond d'une ligne de plateaux, on distingue à peine quelques maisons et cheminées d'usines. Au fond, des coteaux bleuis vers la gauche. Ciel ravagé, tout en nuages magnifiques que cherchent en vain à percer les derniers rayons du soleil.

Toile. — Haut., 46 cent.; larg., 76 cent.

Signé en bas, à gauche : Albert Lebourg.

LE SIDANER

18. — Vue de la Tamise.

C'est au crépuscule. Les réverbères sont déjà allumés sur les ponts où passe un chemin de fer. La Tamise, gris-vert, clapote jusqu'à l'horizon, où dans le ciel un peu brouillé par le fog, s'estompent les deux tours du Parlement.

A gauche, au premier plan, fumée blanche ; à droite, un voilier.

Toile. — Haut., 54 cent.; larg., 64 cent.

Signé en bas, à gauche : Le Sidaner

LÉPINE

1835 (STANISLAS) 1892

19. — La Seine à Charenton.

Voir la reproduction.

Le pâle ciel, à peine nuageux et d'un bleu qui se dégrade en mauve, se reflète dans le fleuve avec les maisons, les arbres et les usines des deux rives. Un bateau à voile et un canot monté par deux hommes.

Toile. Haut., 29 cent.; larg., 57 cent.

Signé en bas, à droite, et daté de 1868.

Vente Zygomalas.

LÉPINE

Procédé Bernheim Jeune.

La Seine à Charenton.

LÉPINE
(STANISLAS)

20. — Brie-sur-Marne.

Au premier plan, la rivière, qui disparaît, à un coude, vers le centre du tableau. Des villas bordent ses rives boisées. Deux rameurs promènent une dame ; sur un bateau amarré un homme pêche. Sept canards nagent ou plongent.

Toile. — Haut., 39 cent. ; larg., 60 cent.

Signé en bas, à droite.

Vente Zygomalas.

MARTIN
(HENRI)

21. — Maisons.

Elles sont en plein soleil, au sommet d'un monticule dont la végétation grimpe jusque sur leurs murailles.

Toile. — Haut., 52 cent. ; larg., 65 cent.

MONET

(CLAUDE)

22. — **Argenteuil.**

Voir la reproduction.

Un ciel d'après-midi finissante répète ses ors pâles et ses roses dans le fleuve très calme où se doublent les maisons, les cheminées d'usines, les voiles. A droite, au premier plan, la rive herbue et ses frondaisons. Une barque à voiles s'avance sur le milieu du fleuve. A gauche, une ligne de petits bois sur l'autre rive près de laquelle on voit, encore au loin, deux voiles. A l'extrême arrière-plan, le paysage est fermé par la cendre rose d'une ligne de coteaux dont le bord supérieur s'étire horizontal sous le ciel soufre.

Toile. — Haut., 60 cent.; larg., 81 cent.

Signé en bas, vers la droite.

CLAUDE MONET

Argenteuil

MONET

(CLAUDE)

23. — La cabane du douanier.

Postée à la pointe de la falaise, elle se détache en rose et lilas sur l'opale de la mer. Et la mer, par les dégradations d'un vert aux mille nuances, monte vers l'horizon où elle se volatilise dans une brume mauve. Autour de la cabane, un terrain vague dont la pointe extrême surplombe les vagues, à droite du tableau. Une haie entoure ce terrain où pousse par plaques une herbe vagabonde.

MONET

(CLAUDE)

24. — Les falaises de Varengeville.

Deux masses rocheuses dressées sur la mer qui s'étale au premier plan. Celle de droite est dominée par l'église, par des villas, par des verdures. Sur le bleu du ciel des nuages blancs roulent. Les falaises barrent tout le tableau au second plan, avec une trouée sur la gauche à partir de laquelle le roc est en pleine lumière, jusqu'à un retour où l'ombre le bleuit. Au-dessus de la partie lumineuse qui suit, un plateau mollement décline.

La falaise de gauche est particulièrement abrupte, dans l'ombre et sans végétation. Elle domine tout le décor.

MONET
(CLAUDE)

25. — Vétheuil.

Le moutonnement des verdures, interrompu çà et là par le clocher et les toits, s'étend sur toute la largeur du tableau, entre le ciel où flottent des nuées et le fleuve qui occupe tout le premier plan. Une barque avec deux personnages. Harmonie en vert, bleu et blanc, accentuée de jaune et de rose. A droite, le village groupe ses pittoresques maisons aux toits rouges derrière lesquelles, dans la plaine, s'érigent les cimes de peupliers épars. Plus au loin, c'est le déploiement de la campagne verdoyante toute semée de petits bouquets d'arbres.

Toile. — Haut., 60 cent.; larg. 81 cent.

Signé en bas, à droite, et daté de 1880

MONET
(CLAUDE)

26. — Le portail de la cathédrale de Rouen.

L'une des pièces capitales de la célèbre série. La façade est vue en plein midi, dans le poudroiement bleu et or d'une lumière reflétée où tour, fûts, ogives, rosace et porches magiquement apparaissent. La tour de gauche s'enlève sur un morceau de ciel azuré et très pur où la lumière palpite. Dans le triple ogive des porches, des contre-jours soufrés, presque incandescents, accusent le dessin des archivolles. La rosace, derrière le pinacle d'axe, enfonce son orbe bleu sombre.

Toile. — Haut., 105 cent.; larg., 91 cent.

Signé en bas, à droite, et daté de 1894.

MONTENARD
(FRÉDÉRIC)

27. — La rade de Toulon.

Des collines au lointain. Vaisseaux, voiliers de plaisance ou de pêche, canots.

Toile. — Haut. 39 cent.; larg. 58 cent.

Signé en bas, à gauche, et daté de 1882.

MONTICELLI
1824 (ADOLPHE) 1886

28. — Fête d'après-midi.

Sur une terrasse, entre deux massifs, cinq jeunes femmes, chatoyantes de bleu, de jaune, de rouge, de rose et de vert. Un valet rouge, blanc et noir tient en laisse un chien foncé et un chien clair.

Panneau. — Haut. 59 cent.; larg. 77 cent.

Signé en bas, à gauche.

PISSARRO

1830 (CAMILLE) 1903

29. — Marly.

Voir la reproduction.

A droite, bordant la berge, une allée où passe une paysanne en tablier bleu et bonnet blanc. A travers les arbres, des maisons. Un homme s'occupe des bateaux amarrés parmi les herbes. Au fond, une bourgade et un pont, puis une colline. Sur la rive de gauche, une grue, une maison blanche, des arbres jaunissants.

Toile. — Haut., 51 cent.; larg., 82 cent.

Signé en bas, à droite, et daté de 1870.

PISSARRO

[illegible]

Marly.

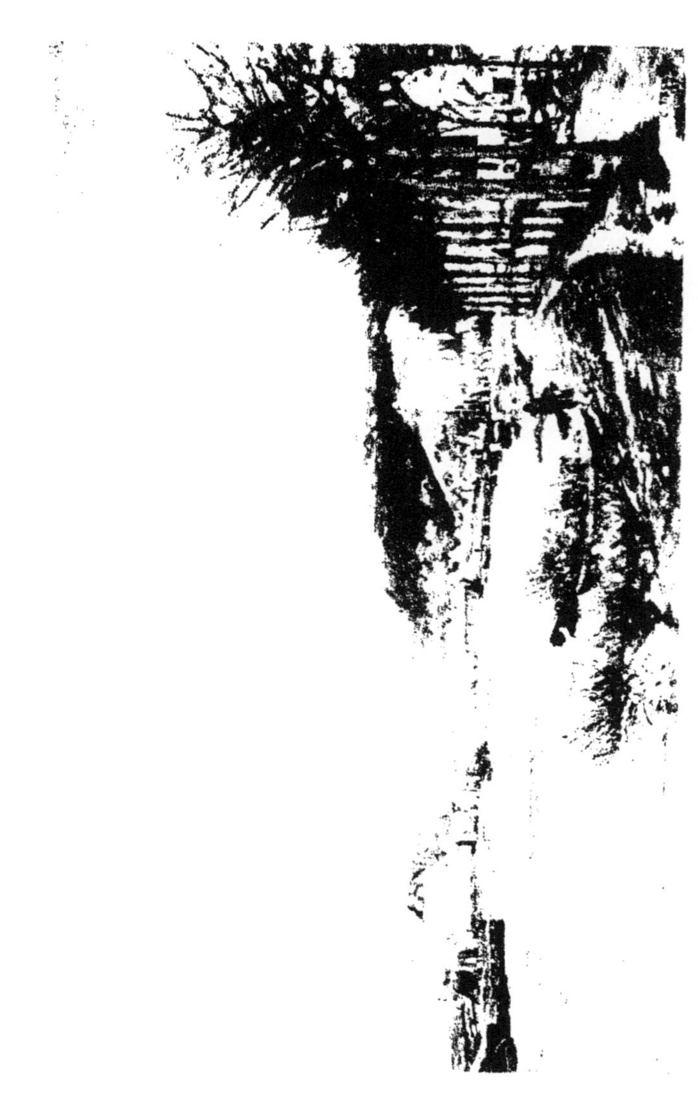

PISSARRO

(CAMILLE)

30. — Varengeville, temps gris.

Une file d'arbres, la plupart sans verdure. Un ciel que des nuages violacent. Une cabane au toit mi-partie rouge, mi-partie grisâtre. Au premier plan, un potager avec son carré de choux.

Toile. — Haut. 65 cent., larg. 50 cent.

Signé en bas, à gauche, et daté de 1899.

PISSARRO

(CAMILLE)

31. — Hiver, soleil couchant.

Des arbres et, derrière eux, le disque orangé du soleil qui les dore. Hors de ce halo, ils se violacent jusqu'au sol où des traînées de givre et quelques touches solaires modifient le vert du maigre gazon. Une barrière à claire-voie traverse obliquement le bas du paysage.

Toile. — Haut. 81 cent., larg. 60 cent.

Signé en bas, à droite, et daté de 1895.

PISSARRO

(CAMILLE)

32. — La femme au fichu vert.

Assise sur une chaise, devant une table, la paysanne, de trois quarts, regarde le spectateur. Son fichu, noué sous le menton, cache les cheveux sauf au front et aux tempes. Robe bleue. Comme fond, un papier de tenture à fleurons rouges, qui bleuit dans l'ombre et se dore sous le coup de lumière de l'angle supérieur droit.

Toile. — Haut., 65 cent.; larg., 54 cent.

Signé en haut, à gauche, et daté de 1893.

Vente Blot.

RENOIR

(AUGUSTE)

33. — Les lilas.

Hors du bas et large pot de faïence à guirlande de roses, ils emplissent le tableau de leur feuillage et de la pullulation de leurs étoiles lilas et de leurs étoiles blanches.

Toile. — Haut., 65 cent.; larg., 54 cent.

Signé en bas, à droite.

Vente Bérard.

RIBOT

1823 (THÉODULE) 1891

34. — Une paysanne.

De trois quarts. Coiffe blanche. Tablier bleu sur un costume brun. Toute la lumière est sur la tête au regard dur et sur la main droite à côté de laquelle on discerne, dans les ténèbres, une bouteille et un pot.

Toile. — Haut., 92 cent.; larg., 73 cent.

Signé en bas, à gauche.

ROPS

1833 (FÉLICIEN) 1898

35. — Les forains.

Dans la baraque de toile, la saltimbanque aux cheveux filasse, coiffée d'un toquet à plumes et seulement à demi-culottée, est debout. Pour la harnacher, le maigre pitre a interrompu sa propre toilette et, s'arc-boutant du genou droit sur la croupe nue de sa camarade, il lace un corset qui contiendra mal de trop amples mamelles. Au premier plan, à droite, un pélican empaillé et un tambour. Dehors, passe en haut de forme gris, un confortable monsieur.

Aquarelle. — Haut., 22 cent.; larg., 18 cent.

Signé en bas, à gauche.

SIMONS

(P.)

36. — Martigues. Étang de Berre (Coup de Mistral)

L'étang est houleux vers la rive où s'avance, à gauche, une proue de roches. Au loin l'horizon des eaux bleuies jusqu'au saphir et quelques voiles. A droite, la ligne violette d'une frise de montagnes.

Toile. — Haut., 22 cent.; larg., 41 cent.

Signé à gauche, en bas : P. Simons.

SISLEY

1839 (ALFRED) 1899

37. — La porte de Bourgogne.

Voir la reproduction.

L'église de Moret, la haute porte, le pont, les arbres grêles de la rive. Sur le ciel bleu, les nuages se configurent en blanches masses monumentales. De l'eau basse du Loing, l'herbe émerge en larges bancs ou en touffes. Quelques personnages minuscules.

Toile. — Haut., 66 cent.; larg., 93 cent.

Signé en bas, à droite.

Vente Guasco.

SISLEY

Procédé Bernheim Jeune

La Porte de Bourgogne.

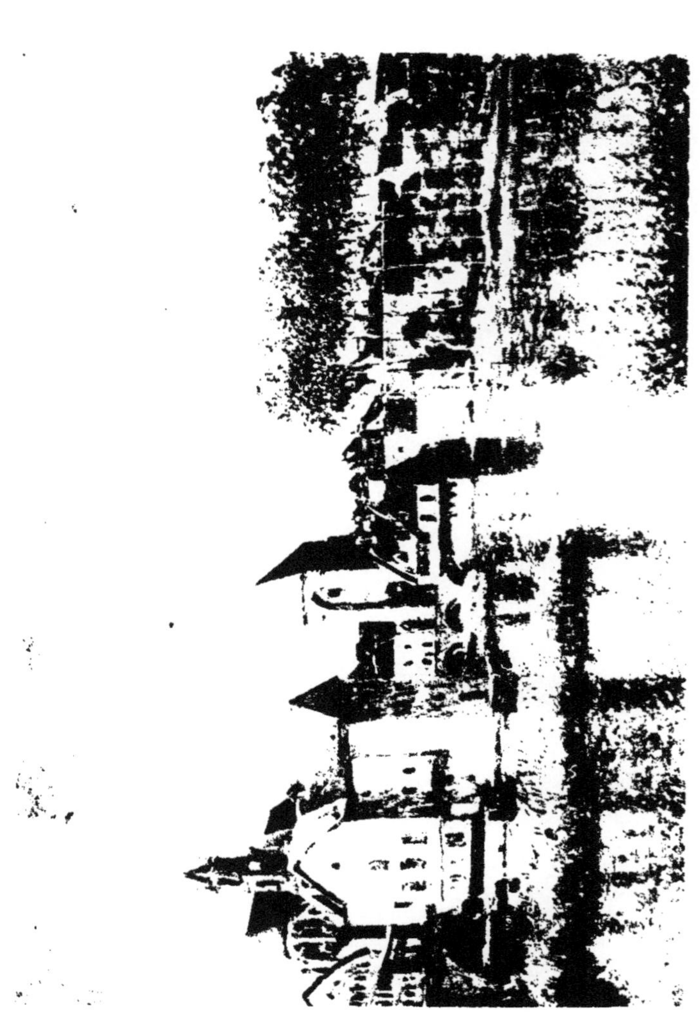

SISLEY

(ALFRED)

38. — L'hiver.

A droite, des maisons qui bordent la route et dont les toitures sont couvertes de neige. A gauche, derrière une rangée d'arbres vue "en bout", le mur d'une propriété dont on ne distingue que quelques arbres grêles. Au fond, une rivière à peine visible et sur l'autre berge, des massifs d'arbres. Au milieu, et à mi-chemin, sur la route toute blanche, une petite patache dont la caisse est peinte en jaune, est arrêtée. Non loin, deux hommes dialoguent : l'un en blouse bleue et en collet rouge, l'autre en veston brun.

Ciel gris avec de-ci de-là des tons d'azur tamisé.

Toile. — Haut. 46 cent. larg. 55 cent.

Signé à gauche, en bas : Sisley, 76

Vente Zigomalas.

SISLEY

(ALFRED)

39. — Après la débâcle.

Ciel d'hiver. La Seine, qui charrie encore, masque presque les piles du pont de Suresnes. Deux ouvriers transportent sur leurs épaules une pièce de bois. D'autres pièces de bois sont éparses. Les arbres sont dépouillés, et les cheminées fument dans l'atmosphère qu'on sent froide et humide.

Toile. — Haut., 46 cent. ; larg., 65 cent.

Signé en bas, à droite, et daté de 1880.

TOULOUSE-LAUTREC

1864 (HENRI DE) 1901

40. — La buveuse.

Coudes sur la table de tôle où posent une bouteille de vin et un verre, menton dans la paume de sa main gauche, cette dame au caraco de percale, aux mèches à la chien, au chignon lâche, médite amèrement. Claire harmonie blanc rose, mauve et jaune, rehaussée de rouge et de noir.

Peinture à l'essence. — Haut., 47 cent. ; larg., 55 cent.

Signé en bas, à droite.

VIGNON

1847 (VICTOR) 1909

41. — Le chemin.

Sur ce chemin, que bordent des maisonnettes a gauche et un talus a droite, une paysanne coiffée de rouge et le panier au bras. Deux arbres, au fond, dépassent les toits et se projettent sur le ciel nuageux.

Toile. — Haut., 46 cent. ; larg., 38 cent.

Signé en bas, à gauche.

ZIEM

(FÉLIX)

42. — Marine.

La mer bleu turquin occupe le quart inferieur du tableau avec, a droite, des rochers bruns. Dans l'eloignement, sous une alpe violette et neigeuse, s'etend la côte que termine, a gauche une bourgade rôtie par le soleil. Des nuages s'effilochent sur l'azur.

Panneau. — Haut. 39 cent. ; larg. 70 cent.

Signé en bas, à gauche.

MONOTYPES

Le Lever *et* Après le bain *sont de remarquables planches établies selon un procédé des plus originaux, celui du monotype.*

LAURENT

(ERNEST)

43. — Après le bain.

Une femme, aux lignes pleines, debout de face, remet sa chemise. Sa tête apparait à demi sous le tissu qu'élèvent les bras. A gauche dans l'herbe, les autres vêtements et le chapeau avec des fleurs rouges.

Fond de clairière.

Monotype repris au pastel. — Haut. 27 cent.; larg. 22 cent.

Signé dans la marge, à droite, en bas : Ernest Laurent.

LAURENT

(ERNEST)

44. — Le saut du lit.

Près du lit dont on voit le pied à gauche, une femme, debout, nue et vue presque de dos, fait le geste de passer sa chemise. On la surprend au moment où le vêtement recouvre en partie la tête. Au fond, sur le mur, un tableau, à droite, sur une chaise, quelques costumes sombres.

Monotype repris au pastel. — Haut. 24 cent. 1/2; Larg. 20 cent. 1/2.

Signé en bas, dans la marge : Ernest Laurent.

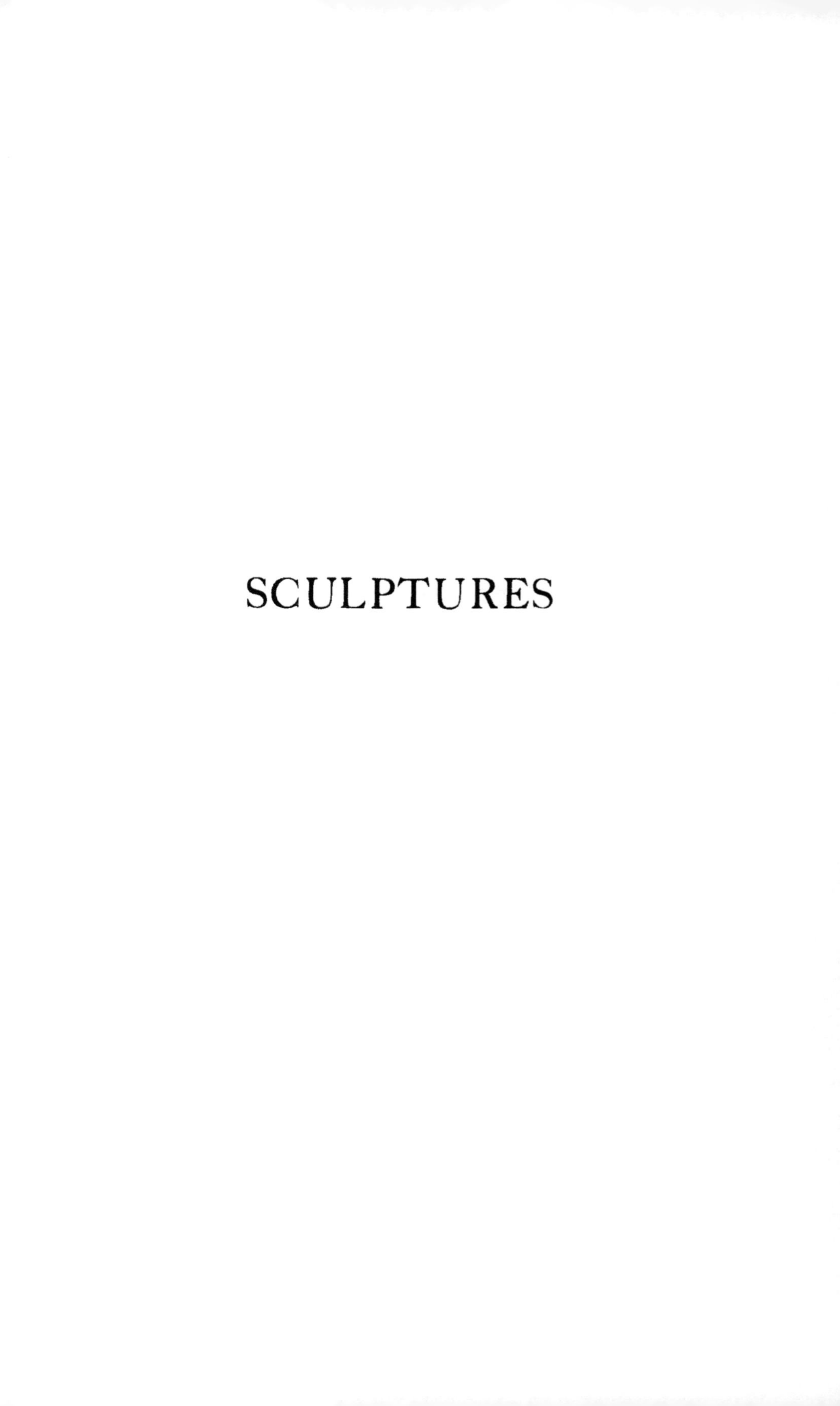

SCULPTURES

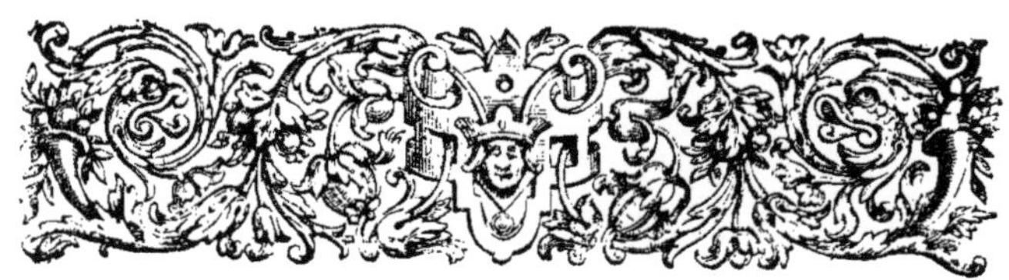

BOUCHER

(ALFRED)

45. — L'éveil.

Charmante figure de jeune fille prise dans le bloc, la tête tournée vers la droite, les cheveux ramenés en arrière pour nouer un petit chignon, les bras engagés à la hauteur de l'aisselle, la poitrine et le ventre modelés en grâce et en délicatesse. Le bassin est, du côté gauche du marbre, en partie dissimulé par la matière bouchardée.

Marbre blanc. — Haut. 69 cent., larg. 47 cent., profond. 22 cent.

Signé à droite, en bas, sur la face : A. Boucher

DESBOIS

(J.)

46. — Eve.

Assise sur une roche près d'un lac où se reflètent de grands pins, à l'arrière-plan, Eve, nue, regardant vers les eaux, joue avec le serpent qui s'enroule à son bras gauche, tandis qu'elle élève la main droite derrière sa tête vers les branches chargées de fruits.

Relief de bronze, cintré en haut. — Haut. 84 cent., larg. 56 cent.

Signé à droite, en bas : J. Desbois

MODERNE IMPRIMERIE
9, RUE ABEL-HOVELACQUE
PARIS

www.ingramcontent.com/pod-product-compliance
Ingram Content Group UK Ltd.
Pitfield, Milton Keynes, MK11 3LW, UK
UKHW021311190726
13839UKWH00007B/1170

9 782329 533490